# LÓGICA

¡Bienvenido al circo! **Juega a encontrar las diferencias.** En cada pareja de payasos, marca todo lo que no es igual.

NÚMEROS

**Pinta los espacios según el código correspondiente** y aparecerá un dibujo relacionado con el circo.

1 ✏️  2 ✏️  3 ✏️  4 ✏️

MEDIDA

Estos niños y niñas quieren ir al circo.
**Sigue con lápiz el camino más corto para llegar a él.**

NÚMEROS

Los carpas del circo ya están casi montadas.
**Pega cuatro banderas en cada una.**

GEOMETRÍA

¿Dónde están los personajes en cada situación, arriba o abajo?
Fíjate en el código y pinta según corresponda.

🟠 ARRIBA          🟢 ABAJO

GEOMETRÍA

¡La función está a punto de empezar! **Observa a estos niños y niñas**, que hacen cola para entrar en el circo.

**En cada pareja, tacha el niño o la niña que está más lejos de la entrada del circo.**

NÚMEROS

Los mejores malabaristas son los que mueven **más de tres objetos a la vez**. Descúbrelos y marca las casillas.

¿A cuántos malabaristas has marcado?

**NÚMEROS**

**Traza una línea que pase por las casillas de los payasos que tienen cuatro flores en el sombrero** y aparecerá un número.

¿Qué número te ha salido?

GEOMETRÍA

Max sabe hacer un truco de magia: ¡mueve los sombreros con su varita mágica! **Pega una varita al lado de los sombreros que ha puesto encima.**

¿Dónde están los sombreros en los que no has pegado ninguna varita?

ENCIMA ☐            DEBAJO ☐

**GEOMETRÍA**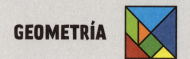

¡Empieza el número de los trapecistas!
**Obsérvalos bien y pega los adhesivos en las casillas por orden, del que está más arriba al que está más abajo.**

El que está más arriba

El que está más abajo

ESTADÍSTICA

¿Cuántos payasos hay con la nariz de un mismo color?

**Márcalo en la tabla. Después, señala la cantidad.**

| con la nariz 🟡 | | | | | 1 2 3 4 5 |
|---|---|---|---|---|---|
| con la nariz 🟢 | | | | | 1 2 3 4 5 |
| con la nariz 🟠 | | | | | 1 2 3 4 5 |

¿Te ha gustado jugar con personajes del circo para aprender matemáticas?

**Observa bien** todos estos jerséis y pantalones.
¿Cuál es la prenda **secreta**?

Aquí tienes el código para encontrar la prenda de vestir:

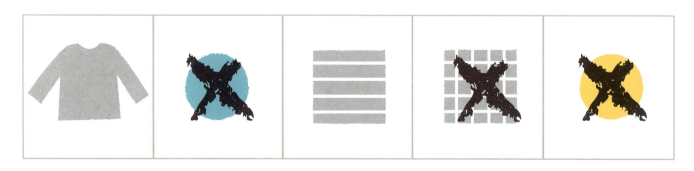

NÚMEROS

Juega al tres en raya. **Marca tres prendas de vestir seguidas, en posición horizontal o vertical, que tengan el número 5.**

13

# GEOMETRÍA

Estas gorras se han descosido y se han mezclado. **Relaciona cada mitad con su mitad correspondiente mediante una línea.**

# GEOMETRÍA

En una tienda de ropa venden camisetas con estampados de figuras. **Sigue con lápiz el camino de todas las que tienen tres lados** y rodea dónde vas a parar.

MEDIDA

Pega cada par de zapatos en la caja de su tamaño.

P. 4

P. 9

P. 10

P. 16

P. 18

P. 29

**NÚMEROS**

Hoy es el día del cinco y solo puedes ponerte prendas de vestir con cinco botones. **Rodea la ropa que te puedes poner.**

¿Cuántas prendas te puedes poner?

**NÚMEROS**

¿Quieres ayudar a tender la ropa?
**Pega cinco prendas en cada tendedero.**

GEOMETRÍA

Estos niños y niñas hacen una carrera.
**Fíjate bien en los colores de sus camisetas.**

**Observa la posición de cada uno y pinta según corresponda.**

ANTES DE... | DESPUÉS DE...

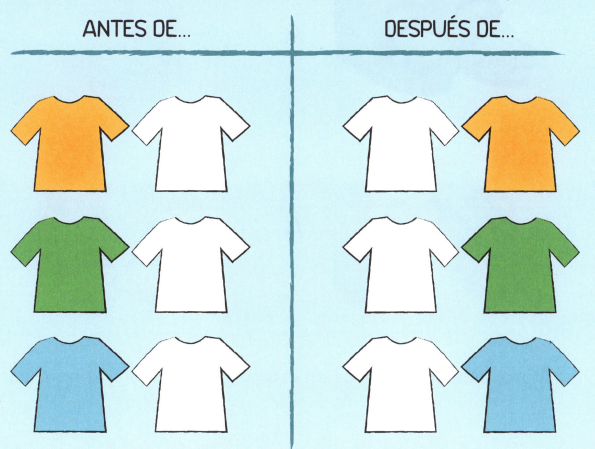

MEDIDA

**Ordena estos pares de zapatos del que pesa más al que pesa menos** y aparecerá una palabra.

Ahora, **escribe las letras en orden.** ¿Qué palabra te ha salido?

# ESTADÍSTICA

¡Jugamos a probarnos ropa! **Fíjate en estas prendas y viste al niño de todas las maneras posibles.**

Tienes las siguientes prendas.
**Tacha las maneras imposibles de vestir a la niña.**

¿Te ha gustado jugar con prendas de vestir para aprender matemáticas?

LÓGICA

Guarda los cubos, las palas y los rastrillos en la bolsa de playa que corresponda.

NÚMEROS

¡Somos submarinistas!
¿Cuántos peces hay de cada color?

Rodea el número en la tabla.

| | | | | | | |
|---|---|---|---|---|---|---|
| 🐟 (amarillo) | 1 | 2 | 3 | 4 | 5 | 6 |
| 🐟 (rojo) | 1 | 2 | 3 | 4 | 5 | 6 |
| 🐟 (naranja) | 1 | 2 | 3 | 4 | 5 | 6 |
| 🐟 (azul) | 1 | 2 | 3 | 4 | 5 | 6 |

**Pinta de color marrón los espacios** donde hay objetos que tienen toda la **superficie curva** y descubrirás el dibujo que se esconde.

¿Qué dibujo te ha salido?

NÚMEROS

Marca con cruces cuántos peces hay en cada pecera.

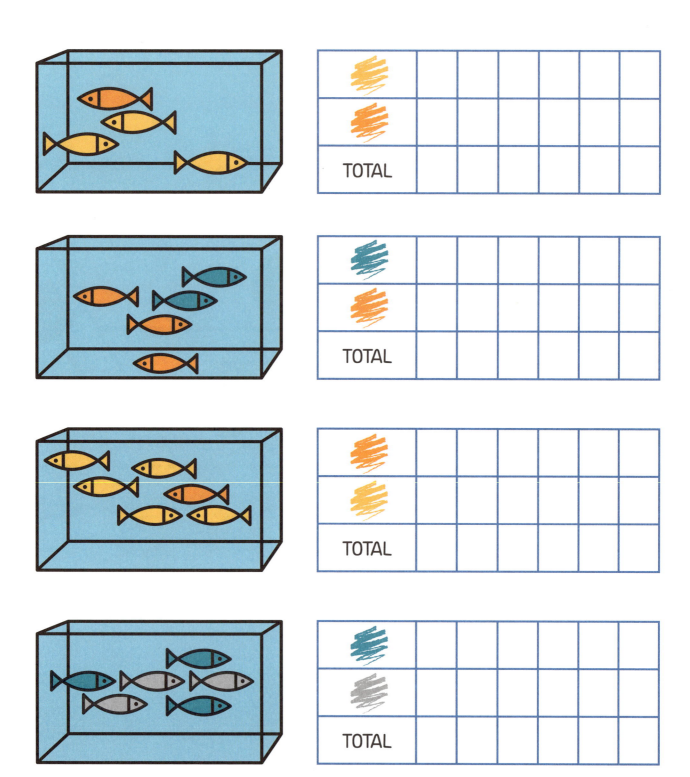

MEDIDA

¡Medimos con arena! Para hacer el castillo, necesitamos cubos llenos de arena. **Haz una línea que una cada cubo lleno con el castillo de arena.**

¿Cómo están los demás cubos?

LLENOS ☐     VACÍOS ☐

**GEOMETRÍA**

Observa los dibujos
y pinta el que tiene superficies planas y superficies curvas.

MEDIDA

¿Qué animal tiene más peso? Pega la pesa correspondiente a cada uno, según pese mucho o poco.

 PESA MUCHO  PESA POCO

GEOMETRÍA

Juguemos al veo-veo. **Busca las formas que tienen toda la superficie plana y márcalas con una cruz.**

¿Cuántas cruces has hecho?  | 1 | 2 | 3 | 4 | 5 | 6 |

# NÚMEROS

¡Preparados, listos... ya! **Pinta en cada columna dos barcos que sumen 6 y gana la carrera.**

| SALIDA | | | |
|---|---|---|---|
| 3 | 5 | 3 | 0 |
| 2 | 2 | 4 | 4 |
| 4 | 3 | 2 | 6 |
| 1 | 1 | 3 | 2 |
| LLEGADA | | | |

ESTADÍSTICA

En el fondo del mar hay peces de estos colores:

¿Crees que el pescador podrá pescar estos peces? Márcalo en la tabla.

|  | IMPOSIBLE | PROBABLE |
|---|---|---|
|  |  |  |
|  |  |  |
|  |  |  |
|  |  |  |
|  |  |  |

¿Te ha gustado aprender matemáticas con elementos de playa y del fondo del mar?

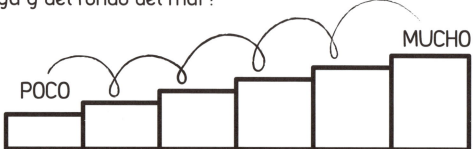